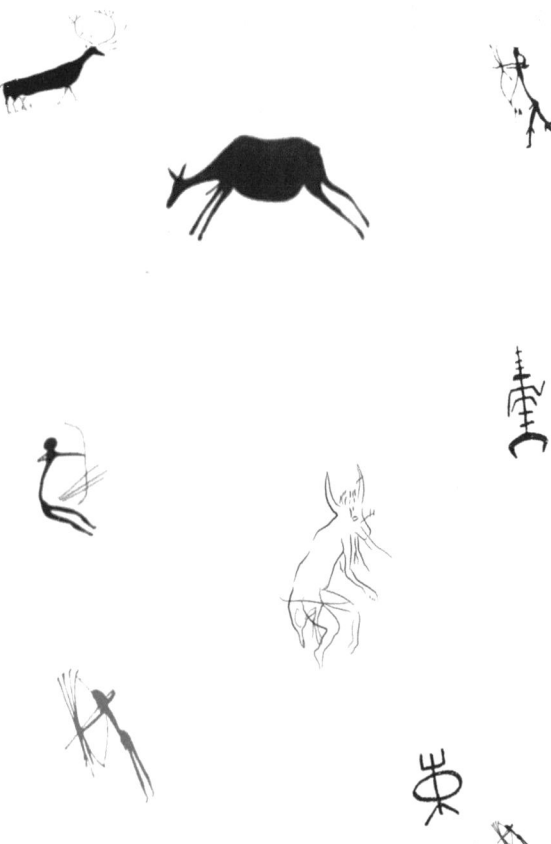

BoD™
BOOKS on DEMAND

Für Zora Tabatha und Nené Saxana

Frank & Petra Paetzold

„Herr Engel erzählt ..."

Die Schamanin von Dürrenberg

Bibliografische Information der Deutschen Nationalbibliothek:
Die Deutsche Nationalbibliothek verzeichnet diese Publikation in der Deutschen
Nationalbibliografie; detaillierte bibliografische Daten sind im Internet über
http://dnb.dnb.de abrufbar.

Illustration: Fotos, fpublisher
Lektorat: Christa Schuhmacher; Anne-Marie Jäger; Frank Barth;

Herstellung und Verlag: BoD – Books on Demand, Norderstedt

ISBN: *978-3-7481-9193-3*

Zum Geleit

Scherben, Knochen und Gegenstände aus Gestein oder Metall belegen, dass schon vor vielen tausend Jahren Menschen in Bad Dürrenberg gelebt haben. Archäologische Funde sind seit der Altsteinzeit belegt, aber längst nicht alle sind von so großer Bedeutung wie die „Schamanin von Dürrenberg" – ein zweifelsohne spannender Fund, der bis heute Rätsel aufgibt.

Dieses Buch hält für Kinder die liebevolle Nacherzählung einer Geschichte bereit, die sich hier bei uns zugetragen hat.

Herr Engel – der als bescheiden, schüchtern und vielleicht auch etwas schlicht beschrieben werden kann – nimmt Sie mit auf eine Zeitreise und berichtet auf anschauliche Weise von der Entdeckung der „Dürrenberger Schamanin" im Jahr 1934.

Das Plateau oberhalb der Saale lag – vor Hochwasser geschützt – strategisch günstig und bot fruchtbare Böden. Die Wasserversorgung war durch die Saale und den Persebach gesichert. Was die „Schamanin" einst nach Bad Dürrenberg verschlagen hat, weiß niemand. Vielleicht waren salzhaltige Quellen der Grund?

Ob das Kind, das bei ihr begraben lag, ihr eigenes war, wissen wir nicht. Zur Todesursache existieren verschiedene Thesen. Die „Schamanin", die vor rund 8.500 Jahren lebte, war offenbar eine mit der Geisterwelt vertraute Person, die von Jagd, Fischfang und essbaren Pflanzen lebte.

Feststeht, dass es sich bei der „Dürrenberger Schamanin" um die bis heute älteste Bestattung eines Menschen in Sachsen-Anhalt handelt – um einen Fund also, der zu Unrecht noch zu wenig bekannt ist.

Das Buch, das Sie in den Händen halten, wird helfen, die Bekanntheit dieses Fundes zu steigern. Es ist das erste Buch einer Kinderbuchreihe mit regionalgeschichtlichen Themen. Ich wünsche dem Buch viel Erfolg und der Reihe noch zahlreiche weitere Veröffentlichungen.

Viel Spaß beim Selber lesen, Vorlesen oder Zuhören!

Christoph Schulze
Bürgermeister
Bad Dürrenberg

Guten Tag, liebe kleine und große Kinder,

mein Name ist Engel, Herr Engel.

Ich lebte einst in Dürrenberg, einem kleinen Ort an der Saale. Heute heißt die Stadt Bad Dürrenberg, weil es hier ein Gradierwerk gibt, das für saubere Luft sorgt. Jedes Jahr besuchen uns deshalb viele Menschen, um diese salzige Luft zu atmen. Das ist nämlich sehr gesund! Deshalb erhielt unsere Stadt ein „Bad" vor Dürrenberg. Jeder kann nun schon am Namen erkennen, wie gut es sich hier leben lässt.

Und es gibt viele schöne Stellen und Plätze, die uns wundersame, geheimnisvolle und spannende Geschichten erzählen. Eine davon ist die einer Frau, die sich sehr gut mit Pflanzen und Kräutern auskannte. Daraus machte sie Medizin, um Menschen und Tiere zu heilen. Man nannte sie Medizinfrau oder auch Schamanin.

Und ich, Herr Engel, habe das Grab dieser Schamanin gefunden. Das könnt Ihr mir wirklich glauben! An einem ganz normalen Arbeitstag habe ich eine Grube gefunden, die sensationelle Geheimnisse in sich barg. Und diese Geheimnisse ließen mich, einen einfachen Schachtarbeiter aus Dürrenberg, in eine völlig neue Welt eintauchen.

In die Welt der Archäologie.

Doch der Reihe nach.

Ich erzähle Euch nun von den beiden aufregendsten Tagen meines Lebens.

Hier ist meine Geschichte der Schamanin von Dürrenberg.

ERSTER TAG

Es war im Mai 1934, an einem wunderschönen sonnigen Tag. Ich ging wie jeden Tag früh zur Arbeit. Unsere Baustelle im Kurpark sollte heute unbedingt fertig werden, denn bald schon sollten die ersten Kurgäste in unser schönes Dürrenberg kommen.

Kurz vor Beginn der Kursaison eine Baustelle im Kurpark? Das wird knapp, aber der neue Springbrunnen braucht noch eine Rohrleitung für eine Wasserfontäne. Sie wird so hoch strahlen, dass man sie vielleicht schon aus der Ferne erkennen kann. Und dazu braucht es natürlich eine ordentliche Leitung. Ihr müsst wissen, ich bin Schachtarbeiter.

Was ein Schachtarbeiter macht? Nun, ich grabe in der Erde Schächte aus, so richtig meterlange Gräben, in die dann Rohrleitungen gelegt werden, damit ihr zum Beispiel frisches Wasser in eure Häuser bekommt. Dann werden die

Schächte wieder mit Erde zugemacht und man kann überhaupt nicht mehr erkennen, wo so ein Schacht ist. Schließlich soll ja alles wieder schön gepflegt aussehen.

In der Erde liegen nicht nur Wasserleitungen, auch Gasleitungen oder Kabel für den wichtigen Strom. Wenn man den Wasserhahn aufdreht oder das Licht anmacht, denkt man gar nicht daran, wie das alles funktioniert.

Es gibt eine richtige unterirdische Schachtlandschaft unter unseren Häusern, Straßen und Feldern. Und wie es Straßenkarten gibt, so gibt es auch Karten, mit deren Hilfe man sich unterhalb der Oberfläche zurecht findet. Das ist wichtig, wenn wieder etwas neu gebaut oder auch repariert werden muss. Nun bekommt allerdings der Springbrunnen im Kurpark erst einmal sein Wasser.

Beim Graben in der Erde kann man so manches entdecken. Nicht nur verschiedene Steine, auch Scherben aus Ton oder Glas, Stoff- und Lederreste, alte Papierfetzen und manchmal sogar Knochen. Einmal fand ich sogar eine alte Münze, einen Groschen. Den hatte bestimmt mal jemand verloren.

Heute jedenfalls sollte ich auf einen ganz besonderen Fund stoßen. Aber das wusste ich natürlich noch nicht.

Zuerst einmal dachte ich nur an meine bevorstehende Arbeit und an mein Frühstück. Ich hatte nämlich frisches Brot und geräucherten Speck dabei. Ach, bis zur Pause dauert es aber noch seine Zeit.

Die Zeit vergeht am schnellsten, wenn man richtig zügig arbeitet. Frisch ans Werk, Ärmel hoch und los geht's bis zur ersten Abmessung, gleich hinter dem großen Strauch.

Genauso hatte es mir mein Meister aufgetragen. Das wird schnell zu schaffen sein und dann mache ich meine Pause. Danach die Leitung verlegen, alles wieder zuschaufeln und ab in das Wochenende. Kleinigkeit!

Doch halt, was war das?

Die Erde sieht ja plötzlich so rot aus. Erde ist doch braun und nicht rot. Jedenfalls hatte ich solch rote Erde noch nie gesehen und ich bin schon seit einigen Jahren Schachtarbeiter.

Ganz vorsichtig schob ich sie beiseite, wie man das mit einer Schaufel eigentlich gar nicht so recht kann.

Besser ist, ich nehme meine Hände, dachte ich und kniete mich nieder. Die rote Erde nahm so schnell aber kein Ende. Hm, soll ich nun weitergraben oder lieber nicht? Was ist, wenn hier vielleicht ein Eingang zu einer Höhle oder einem unterirdischen Gang liegt. Warum wurde er mit solch rote Erde zugeschüttet? Vielleicht, dass man ihn wiederfindet, den Eingang. So wird es sein.

Ich glaube, ich sollte meinen Meister fragen. Genau, ich frage meinen Meister. Er hat nämlich immer eine Antwort, wenn es um Baustellen geht.

„Na Engel, was gibt es?", fragte mich mein Meister. „Hast wohl vergessen, bis wohin du graben sollst? Oder ist etwa schon Frühstückspause? Wie du siehst, bin ich hier mit den Bauplänen beschäftigt und die Salineverwaltung sitzt mir

auch schon wieder im Nacken. Sie fragen ständig nach, wie

es mit den Bauarbeiten vorwärts geht. Hier schau, das muss

heute noch geschafft werden. Also, sprich!"

Jetzt wollte ich schon wieder umkehren und zurück an meine Arbeit gehen. Vieleicht ist meine Entdeckung ja doch nicht so wichtig? Aber diese ungewöhnliche rote Erde.

Also erzählte ich ihm, was ich gefunden hatte. Obwohl ich doch etwas aufgeregt war, fand ich die richtigen Worte und er hörte mir interessiert zu. Das glaubte ich jedenfalls, denn er nahm ganz bedächtig eine Zigarre aus seiner Zigarrenkiste, drehte sie behutsam zwischen den Fingern hin und her und richtete sie nun wie einen Zeigefinger auf mich.

„Engel, du weißt, dass der Springbrunnen fertig werden muss. Was erzählst du mir für Geschichten? Ich kenne die Erde hier wie meine Westentasche. Von solcher Erde hätte ich schon längst etwas gehört."

Prüfend schaute er mich an. Als er erkannte, dass ich mir das alles ganz sicher nicht ausgedacht habe, kratzte er sich am Kopf. „Na gut, dann werde ich mir deine rote Erde mal ansehen. Als ob ich nichts Wichtigeres zu erledigen habe." brummte er vor sich hin. Natürlich gerade so laut, dass ich ihn gut verstehen konnte.

Beide starrten wir nun auf meine angefangene Arbeit.

„Gut, Engel, steh nicht so rum und grabe vorsichtig weiter. Aber nimm dazu die Hände, zieh Handschuhe an und mach ganz vorsichtig. Du hast doch keine Angst, oder? Vielleicht klärt sich ja jetzt mit meiner Hilfe alles auf."

Am liebsten hätte er selbst gegraben, aber er ist der Meister. Ein Meister braucht natürlich nicht graben. Er hat die Verantwortung.

Hockend schaufelte ich nun mit meinen Händen ganz langsam die Erde an den Rand. Das wurde ein richtiger roter

Berg. Vielleicht kann ich etwas erfühlen oder greifen? Durchsehen müsste man können.

„Engel, hast du was gefunden? Wie lange dauert das denn noch? Ich sehe doch, dass da nichts ist. Sag schon, da ist nichts. Einfach nichts. Nur Erde und sonst nichts."

Mein Meister war leider nur mit wenig Geduld gesegnet und fing an zu drängeln. Ihn hielt es nicht länger zurück und schon ergriff er meine Schaufel und wollte anfangen zu graben.

„Jetzt. Hier. Ich fühle einen runden Stein oder sowas."

Oh mein Gott! Das war kein Stein. Ich fühlte einen Menschenschädel, einen richtigen Menschenschädel! Noch nie hatte ich einen Schädel ausgegraben, geschweige denn angefasst. Gruselig. Mir lief es kalt über den Rücken und ich brachte kein Wort heraus. Ich glaube, mein Gesicht sah so verdutzt aus, dass mein Meister meine Gedanken lesen konnte. Wir sahen uns an und riefen zugleich: „Ehn Kopp!"

„Engel, wir sollten sofort unseren Polizeiwachtmeister holen. Mir ist das nicht geheuer. Beeile dich. Du kannst gleich mein Fahrrad nehmen. Aber nicht kaputt fahren! Los, los, wir haben keine Zeit!"
Also radelte ich ganz schnell und ganz aufgeregt durch den Kurpark zur Polizei. Unterwegs versuchte ich zu überlegen, mit welchen Worten ich berichten könne. Ich kann doch nicht anfangen und sagen, ich habe einen Kopp gefunden.

Und natürlich dachte ich auch daran, keinen Unfall zu bauen. So ein Fahrrad ist schließlich ziemlich teuer. Wäre ich doch heute nur mit meinem eigenen Rad zur Arbeit gekommen. Dann hätte ich mich nicht so vorsehen müssen und jeder Stein, jeder Strauch, jede Kurve wären mir jetzt egal.

Kein Polizist zu sehen. Und ich sollte mich doch beeilen. Was mache ich nur? Aus dem Zimmer kommt keinerlei Geräusch. Ich will aber auch nicht ewig warten. Gut. Anklopfen und schnell hineingeschaut. Wirklich keiner da. Der Polizeihut, der Tschako, liegt einsam auf dem Tisch. Da wird doch unser Wachtmeister irgendwo in der Nähe sein? Ohne seinen Hut geht er schließlich nicht auf die Straße.

„Na Engel, was machst du denn heute schon so früh hier bei mir? Ich bin zur Zeit ganz allein und könnte etwas Unterhaltung brauchen. Willst du einen Kaffee? Komm, setz dich zu mir, es ist gerade so schön ruhig."
Unser Polizeiwachtmeister stand plötzlich hinter mir. In der Hand hielt er einen riesigen Kaffeepott und seine Mor-

genzeitung. Damit setzte er sich ganz gemütlich an seinen Schreibtisch, breitete die Zeitung aus und strich sie mit beiden Händen langsam und säuberlich glatt.

„Ruhig? Wenn ich dir erzähle, was ich im Kurpark gefunden habe, dann ist es mit der Ruhe vorbei."

Ich sprudelte gleich munter drauf los, denn wir kennen uns schon ein Leben lang und er ist für einen Wachtmeister ein ganz umgänglicher Kerl.

Nur „Kopp" habe ich natürlich nicht gesagt, sondern Schädel. „Wenn die Polizei gebraucht wird, ist sie selbstverständlich da." Der Kaffee und die Zeitung waren sofort vergessen. Nicht so der Tschako. Aufgesetzt und ab in den Kurpark. Ohne ihn verlässt er eben nicht sein Revier.

„Ein Verbrechen liegt hier doch sicher nicht vor. Nicht in Dürrenberg." Der Wachtmeister strich sich bedächtig über seinen majestätischen Bauch. „Aber eine gewöhnliche Grube ist das nun auch gerade nicht". Dabei sah er meinen Meister an und meinte noch: „Engel, du musst zu unserem Amtsvorsteher."

Das sagte man früher zum Bürgermeister. „Er soll sich das ansehen." Dann wieder zu meinem Meister: „Und sie sperren die Grube ab, es darf nichts verändert werden. Alles bleibt so, wie es ist." Mein Meister war von dieser Idee überhaupt nicht begeistert. Schließlich brauchte er mich hier dringend. Und überhaupt, was kommandiert der Wachtmeister hier auf seiner Baustelle?

„Absperren, das übernimmt doch sicher die Polizei?" Dabei sah er ihn streng an: „Das ist nun wirklich nicht meine Aufgabe. Engel, du nimmst wieder das Rad, informierst den Bürgermeister und kommst gleich wieder zurück, verstanden? Das geht uns alles von der Zeit verloren. Da wirst du nachher wohl schneller graben müssen. Um die Grube herum, meine ich." Das fügte er noch schnell hinzu, weil er den Blick vom Wachtmeister auf sich gerichtet sah. Und das fand er sicher nicht sehr angenehm.

Gesagt, getan. Engel fährt einfach mal so zum Bürgermeister. Mit der Polizei spricht man schon einmal, aber mit dem Bürgermeister? Das habe ich bisher noch nie getan. Ich kenne ihn nur von Bildern und Berichten aus der Zeitung. Was sollten ein Schachtarbeiter und ein Bürgermeister auch miteinander zu schaffen haben.

In den nächsten Minuten saß ich in der Amtsstube von unserem Bürgermeister, Herrn Wilhelm Presuhn, einem stattlichen Mann mit einem vornehmen Zylinder auf dem Kopf. Es sah schon eigenartig aus, mit diesem Zylinder so am Schreibtisch. Ist das so, wenn man als Bürgermeister am Schreibtisch arbeitet? Also ich könnte das nicht. Das ist doch umständlich. Man kann sich nicht bewegen, weil man immer Angst haben muss, dass einem der Hut vom Kopf fällt.

„Sein Gesicht habe ich doch schon einmal gesehen. Ich glaube, am Gradierwerk. Nun, wer ist er und was wünscht er?" fragte mich dieser respekteinflößende Herr und ich musste nun antworten, sonst wäre das sehr unhöflich. Na hoffentlich platzt mir jetzt nicht der „Kopp" raus.

Ich nahm meine Mütze in die Hand und meinen ganzen Mut zusammen und erzählte mit freien Worten über meinen Fund im Kurpark. Er hörte mir sehr aufmerksam zu und seine Augen wurden größer und größer. Dabei strich er andächtig sein Kinn. Was so viel heißt wie, dass ihn meine Geschichte ungeheuer interessiert. Das mache ich nämlich auch immer, wenn ich gespannt zuhöre. So ein Bürgermeister ist eben nicht nur Amtsperson, sondern er ist auch ein Mensch.

„Herr Engel, das schau ich mir sofort an. Würden Sie mir die Stelle, also Ihren Fund, bitte zeigen?" Dabei fragte er wieder so liebenswürdig, dass ich richtig verlegen wurde und ich fing in diesem Moment an zu hoffen, mein Fund könnte irgendwie bedeutungsvoll für unsere Stadt sein. So ist das, wenn man sich mit wichtigen Leuten unterhält. Man möchte dann auch gern ein ganz klein wenig wichtig sein.

Zu viert standen wir nun an der Grube und starrten, mit mehr oder weniger bedeutungsvollen Mienen, nach unten. Unser Amtsvorsteher, der Polizeiwachtmeister, mein Meister und ich.

Ein tiefes „Oh-ha" und ein erneutes Streichen seines Kinns folgten. Nach einigen „Oh-ha's" war nun alles klar. „Wir holen uns Unterstützung. Ich denke da an zwei bestimmte Herren, die Lehrer Lippold und Nethe. Herr Lippold leitet das Heimatmuseum und Herr Nethe ist Naturkundelehrer an der Siedlungsschule. Sie beschäftigen sich seit Jahren mit der Archäologie und können uns sicher sagen, was die rote Erde bedeuten könnte." Unser Bürgermeister kennt eben viele Leute.

„Würden Sie, Herr Engel, die beiden Herren zu uns bringen?" Einem Bürgermeister schlägt man natürlich eine Bitte nicht ab. „Der Engel macht das schon." So hörte ich meinen Meister antworten.

Der Weg zur Schule war mit dem Rad nicht weit und ich radelte wieder los. Die beiden Herren waren sofort Feuer und Flamme und eilten im Sturmschritt an meiner Seite in den Park. Fast so schnell wie mein Rad, dachte ich mir. Und noch mehr begann ich zu hoffen, dass mein Fund bedeutsam sein könnte.

„Sensationell" und „unglaublich" waren ihre Worte, als sie sich an die Grube hockten. „Diese Erde nennt man Rötelerde. In solcher Erde wurden ganz besondere Menschen beerdigt.", wussten sie zu berichten. „Wenn das eine Grabstätte ist, dann ist sie sicher mindestens 1.000 Jahre alt."

„Wie sich diese Erde wohl anfühlt?", sie fassten abwechselnd ganz vorsichtig hinein und strichen behutsam, fast liebevoll, die Erde auseinander. Und siehe da, ein zweiter Menschenschädel wurde sichtbar, der viel kleiner als der erste war, wie von einem Kind. „Vielleicht eine heilige Stätte? Darin sollten wir nicht einfach so wühlen." sagte halblaut Herr Nethe. Herr Lippold war genau der selben Meinung und sie nahmen sofort ihre Hände wieder heraus. Dann klopfte mir Herr Nethe auf die Schulter und meinte, dass ich, Herr Engel, in die Geschichte eingehen werden würde, so wie Schliemann, der Troja gefunden hatte.

„Wir brauchen unbedingt Hilfe von der Landesanstalt für Volkheitskunde in Halle." sagte Herr Lippold. „Jawohl, wir sollten uns unbedingt professionelle Hilfe aus Halle holen." bekräftigte Herr Nethe.

„Herrn Professor Hans Hahne, der Museumsdirektor, wird uns bestimmt unterstützen. Wir kennen ihn sehr gut. Er lässt sich sicher nicht zweimal bitten, zu uns zu kommen." Dabei schauten Herr Lippold und Herr Nethe hoffnungsvoll zum Bürgermeister, weil sie wussten, dass Herr Presuhn in seiner Amtsstube ein Telefon hatte.

Dieser verstand den Blick natürlich sofort und schickte sich an, zur Amtsstube zurückzukehren. Dabei verabschiedete er sich bei mir mit den Worten: „Nun, Herr Engel, wie fühlt man sich jetzt als großer Entdecker?" Zum Glück musste ich nicht antworten, denn er war schon auf dem Weg. Ich hatte darauf auch keine Antwort, beim besten Willen nicht.

Da standen wir nun und überlegten, was dieser Fund bedeuten könnte.

Mein Meister hoffte, dass sich alles schnell aufklären und die Baustelle heute noch fertig werden würde. Der Wachtmeister hoffte, dass kein Verbrechen vorliegt. Die beiden Herren Lippold und Nethe hofften, dass ein sensationeller Fund in der Grube ruht und unsere Stadt Dürrenberg berühmt wird. Und ich, ja, ich hoffte, dass nicht alle Aufregung umsonst war. In so einem kleinen Ort kann man ganz schnell zum Tagesgespräch werden und dann heißt es vielleicht, der Engel beschäftigt Polizei, Lehrer und sogar unseren Bürgermeister für nichts und wieder nichts.

Jeder hing seinen Gedanken nach und wir kamen darüber in ein lebhaftes Gespräch. Wie wir so sprachen, war der Bürgermeister wieder zurück. „Ausgerechnet heute funktioniert mein Telefon nicht. Dazu fehlt mir die Zeit, nach Halle zu fahren. In einer Stunde habe ich einen wichtigen Termin. Die Kursaison soll am Wochenende eröffnet werden und es ist noch lange nicht alles bereit dafür." Deswegen also der Zylinder, dachte ich mir. Er hat noch einen Termin. Trotzdem kam er mit mir in den Kurpark und nahm sich sofort Zeit für den Engel!

„Und wenn ich nach Halle fahren würde?", hörte ich mich deshalb vorschlagen. „Den Kanal weiter ausschachten, werde ich ja heute sicher nicht mehr." Tiefes und langes Schweigen. „Wenn Sie bereit wären?", fragte mich unser Bürgermeister. Daraufhin schaute mich mein Meister etwas verwirrt an. Der Engel entscheidet mit dem Bürgermeister gemeinsam, was zu machen ist? Der Engel mit dem Bürgermeister?

„Es wäre uns wirklich sehr geholfen" hörte ich nur noch. Allerdings nicht vom Meister, da kam kein Wort. Was für ein Tag! Hätte er den Engel doch heute nur zu einer anderen Baustelle geschickt. Da kann der Brunnen ja nicht fertig werden! Und er schob mir ganz selbstverständlich sein Rad hin, damit ich nach Halle fahren konnte. So ist mein Meister. Erst brummen und dann doch helfen.

Da hatte ich mir vielleicht was vorgenommen! Bis nach Halle mit dem Fahrrad. Das sind mindestens 30 km, dafür brauche ich doch 2 Stunden oder mehr. Nur für eine Fahrt. Und dann wieder zurück. Aber wer sollte sonst nach Halle fahren?

Und ist es nicht mein Fund, für den ich auch verantwortlich bin? Zumindest fühlte ich mich verantwortlich.

Irgendwie ist mir bis heute nicht klar, weshalb ich damals nicht mit der Straßenbahn gefahren bin. Schließlich hat nicht jeder Ort eine Straßenbahn und wir sind sehr stolz darauf, mit ihr bis nach Halle fahren zu können. Ich denke, es war sicher die Aufregung.

Wenn man aufgeregt ist, vergisst man, gründlich nachzudenken.

Das war eine Fahrt! Wie ein Wirbelwind war ich mit dem Fahrrad unterwegs. Ehrlich, ich hab sogar manches Auto überholt und die Leute da drin haben nicht schlecht gestaunt. Aber nun, geschafft! Ich bin in Halle und stehe vor dem Museum. Oh Mann, das ist ein riesiger Bau. Obwohl ich doch schon einige Male in Halle war, habe ich dieses Haus bisher noch nie so richtig angesehen, bin immer daran vorbei gelaufen. Erst heute fällt es mir richtig auf.

Hier wird die Geschichte der Menschheit aufbewahrt! Und ich, der Engel aus Dürrenberg, werde heute mit dem Museumsdirektor persönlich sprechen und von meinem Fund berichten.

Kein Problem, ich hatte ja schon mit unserem Wachtmeister gesprochen und mit unserem Bürgermeister. Da sollte es auch mit einem Museumsdirektor ganz gut klappen.

Wenn ich nur nicht „Kopp" sage. Kluge Leute achten nämlich darauf, was und wie man etwas sagt und man wird von
ihnen ernst genommen.

Ah, da sitzt ein Pförtner. Den frage ich gleich mal, wie ich zum Direktor komme, denn ich wollte unbedingt sofort zu ihm. Der Pförtner rückte seine Brille zurecht, setzte eine würdevolle und wichtige Miene auf und sprach mit hoher Stimme auf mich herabsehend: „Der Professor ist sehr beschäftigt und nicht für jedermann zu sprechen."

Jetzt muss ich ihm die Geschichte auch noch erzählen! Na gut. Aber er hört überhaupt nicht zu, winkt ab und nahm sich eine großen Katalog und begann darin zu lesen. Dachte er vielleicht, dass ich ohne zu bezahlen, in das Museum will? Oder mir die Geschichte nur ausdenke? Außerdem wäre ich für einen Museumsbesuch auch nicht fein genug angezogen. Aber ich will doch gar nicht ins Museum! Nur zum Direktor! Kein Erbarmen, er übersieht mich.

Unhöflich, dachte ich mir. Man schließe von der Kleidung nicht auf den Menschen. Manchmal verläuft ein Tag eben anders, als man gedacht hat. Es passiert einfach. Und zum Umziehen war nun wirklich keine Zeit. Außerdem würde ich mit meinem einzigen guten Anzug auch nicht Fahrrad fahren. Ist das verflixt!

Gut, dann kaufe ich eben eine Karte, denn das erscheint mir jetzt als der schnellste und einfachste Weg. Dagegen wird der Pförtner wohl nichts haben. Ich werde den Direktor dann schon finden. Das sollte zwar mein Geld für ein Mittagessen sein, aber wenn es nicht anders geht. Nun bin ich so weit gekommen, da gebe ich doch nicht einfach auf! Ohne Ergebnis könnte ich auch nicht zurück. Man wartet schließlich in Dürrenberg auf mich.

Und siehe da, ein freundliches Pförtnergesicht nimmt mir liebend gern mein Geld ab.

Wo könnte das Zimmer vom Direktor denn sein? Auf diesem Gang sieht es nicht so aus. Dort, die Treppe hoch und dann werde ich da sein. Nein, hier auch nicht. Noch eine Treppe. Letzte Etage. Der Direktor hat seinen Sitz ganz schön weit oben. Anklopfen. Warten. „Herein!"

Das war ein Zimmer! Sowas habe ich überhaupt noch nicht gesehen. Überall Schränke mit einer unüberschaubaren Anzahl von Fächern. Hier wird gesammelt, sortiert, geordnet und aufbewahrt.
Ich glaube, wer hier arbeitet, der hat sich seine Neugier bestimmt erhalten. Und von Ordnung versteht er auch eine Menge.

Oh Engel, da kannste dir eine Scheibe abschneiden, dachte
ich mir und nahm staunend meine Mütze vom Kopf.

Meine Geschichte findet sicher jetzt den richtigen Zuhörer.

Aber woher kam die Stimme, die mich herein rief? Ah, da

ist ja noch ein Schreibtisch. Hinter dem großen Stapel von

Papier, da sitzt ganz bestimmt der Museumsdirektor, Herr Professor Hahne.

So war es auch. Wie ich mir dachte, wollte er alles ganz genau wissen, auch dass ich mir eine Karte gekauft habe, nur um zu ihm zu gelangen. Natürlich habe ich nichts davon erzählt, wie unhöflich der Pförtner mit mir gesprochen hat. Oder besser gesagt, wie er nicht mit mir gesprochen hat. Es war zwar ärgerlich, aber jetzt nicht so wichtig.

„Wir werden morgen nach Dürrenberg kommen und bringen alles mit, um uns Ihren Fund genauer anzusehen, Herr Engel. Heute ist es leider schon zu spät, denn es wird bald dunkel. Damit müssen wir früh am Morgen beginnen. Könnten Sie bitte dafür sorgen, dass die Fundstelle bis morgen gesichert wird? Es klingt ganz so, als wenn ihr Fund eine alte Grabstätte ist. Damit wird er vermutlich mehr Neugierige anziehen, als uns lieb sein kann. Nichts darf zerstört werden, verstehen Sie, nichts! Ich zähle auf Sie, Herr Engel!"

„Darum werde ich mich sehr gern kümmern. Aber ob mir unser Bürgermeister glauben wird?"
„Warum sollte er nicht? Sie fahren kreuz und quer, sogar bis nach Halle zu mir. Und das auch noch mit dem Fahrrad! Mein lieber Herr Engel, so viel Tatkraft glaubt man alles! Ich werde sofort Herrn Presuhn telegrafieren und ihm das Ergebnis unseres Gespräches mitteilen." Und das war aber auch ein Ergebnis!

Nun also die ganzen Treppen wieder nach unten. Am liebsten wäre ich vor Übermut alle Geländer runterwärts gerutscht. Eins, zwei, drei......aber der Pförtner sollte mich so nun wirklich nicht sehen. Deshalb die letzte Treppe schön ordentlich!

Schnell zurück nach Dürrenberg. Ich wollte mich gerade auf mein Rad setzen und losfahren, da kam der Professor ganz außer Atem auf mich zu.

„Warten Sie! Warten Sie, Herr Engel!" hörte ich den Museumsdirektor rufen. „Hier, nehmen Sie ihr Eintrittsgeld zurück und bitte nehmen Sie auch diese Straßenbahnkarte. Der Heimweg ist doch meistens etwas mühsamer." Bevor ich mich so richtig bedanken konnte, hatte er mir beides in die Hand gedrückt und verschwand.

Nur der vielbeschäftigte Pförtner war noch zu sehen. Er hatte natürlich alles ganz genau beobachtet. Wir beide schauten uns mit fragenden Augen an. Endlich waren wir einer Meinung. Keiner von uns konnte den Professor verstehen, wenn auch aus sehr unterschiedlichen Gründen.

Fahrrad in die Straßenbahn geschoben und nun gemütlich nach Hause. Jetzt konnte ich mich etwas ausruhen. Während die Landschaft an mir vorbeizog, gingen mir tausend Gedanken durch den Kopf. Manchmal sitze ich auf einer Bank am Gradierwerk und lasse meine Gedanken schweifen. Das gleichmäßge Rattern der Straßenbahn hatte auch diese beruhigende Wirkung.

Wie doch die unterschiedlichsten Menschen gemeinsam dieses Rätsel lösen wollten. Der Professor, unser Bürgermeister, Nethe und Lippold, der Polizeiwachtmeister und sogar mein Meister. Menschen, die sonst nicht zueinander finden, weil jeder nur mit seiner Arbeit beschäftigt ist. Mein Meister hatte festgelegt, genau an dieser Stelle zu graben. Ohne den Polizeiwachtmeister hätten wir nicht unseren Bürgermeister dazu geholt. Der wiederum kannte die beiden Hobbyarchäologen, die mich dann zum Museum nach Halle schickten. Ach nein, geschickt wurde ich nicht, sondern gebeten. Und zwar vom Bürgermeister höchstpersönlich.

Zu wem gehören aber nun diese Schädel? Jemanden, der hier einmal lebte? Was sagte der Professor? Vielleicht ist es ja wirklich ein Grab. Wer wurde beerdigt? Und was hat das mit diesem kleinen Schädel auf sich? Gern hätte ich heute schon etwas mehr erfahren.

Sicher haben die beiden hier gelebt. Unten fließt die Saale, da kann man fischen und hat frisches Wasser. Oben auf der Anhöhe, wo jetzt der Kurpark ist, hat man einen guten Blick auf das Land. Ringsum Wald, da gab es bestimmt auch Tiere. Alles da, was man braucht. Wie es hier wohl vor vielen Jahren ausgesehen hat? Überall Wald?
Da fällt mir eine Stelle neben der Kurparkbühne ein. Manchmal stehe ich dort und versuche hinunter aufs Tal zu schauen, um die Saale zu suchen. Das ist schwer, weil der Blick durch Bäume und Pflanzen nicht leicht ist. So könnte es früher ausgesehen haben. Vielleicht nicht genau wie ein

Urwald, aber so ähnlich. Es sind ja nun schon viele Jahre vergangen. Was sagten die Lehrer? 1.000 Jahre mindestens.

Wieder in Dürrenberg. Ich bin daheim. Jetzt aber das Rad zum Meister bringen, alles berichten und dann nach Hause. Man wartet bestimmt schon auf mich. Halt! Vorher natürlich noch einmal zur Fundstelle, ob alles gesichert ist. Versprochen ist versprochen.

ZWEITER TAG

Ich gebe zu, so eilig hatte ich es noch nie, zur Arbeit zu kommen. Heute wird sich entscheiden, ob das nun ein Grab ist oder nicht. Die halbe Nacht konnte ich vor Aufregung nicht schlafen. Gleich wird das Rätsel gelöst. Das hoffte ich und lief fast schon im Laufschritt, aber gut gelaunt, durch Dürrenberg zum Kurpark.

Mein Meister hatte mir heute frei gegeben, damit ich die Ausgrabung miterleben kann. „An diesem wichtigen Tag sollte der Engel doch dabei sein." hatte er gestern mit einem Schmunzeln gesagt. Ich glaube, ich hätte vor Neugier sowieso nichts anderes machen können. Trotzdem hatte ich vorsichtshalber die Arbeitssachen angelegt und nicht meinen Sonntagsstaat. Eventuell braucht man mich und meine Schaufel heute ja noch einmal.

Wenn mehr Leute unterwegs gewesen wären, hätten sie sich über mich wundern können. Im Eiltempo zur Arbeit? Ist doch noch viel zu früh. Engel, nur gut, dass dich niemand sieht! Sonst würde man denken, es ist was passiert und mir in den Kurpark folgen.

Eine Menschenansammlung können wir heute nicht gebrauchen. Das sind die Archäologen zwar gewohnt, es ist aber nicht unbedingt hilfreich.

Im Kurpark angekommen, ging ich also gleich zu meiner Grube. Hoffentlich ist alles noch so, wie ich sie gestern verlassen habe. Ein Stein fiel mir vom Herzen. Nichts hatte sich verändert.

Abgesehen von einem Polizisten, den ich als Paul kannte, war ich der erste Besucher im Kurpark. Paul hatte die ganze Nacht Wache halten müssen.

Vermutlich war er deshalb etwas mürrisch und nicht so neugierig wie ich. Aber wir plauderten dennoch etwas. Er schaute mich ungläubig von der Seite an. Konnte er sich doch nicht vorstellen, dass ausgerechnet ich, der Schachter Engel, ein Entdecker sein sollte.

Außerdem, was soll diese Aufregung? Er hatte natürlich schon ganz andere, viel wichtigere Sachen gesehen als ich. Und schon kamen mir wieder Zweifel, ob ich alles richtig gemacht hatte.

„Engel, das ist sicher noch von irgendeinem Krieg. Ich kenne mich da aus. Glaube mir, du wirst dich heute mächtig blamieren." rief er mir noch hinterher, als ich zum Gradierwerk schlenderte.

Und wenn es ein Grab von einem Krieg ist. Na und? Auf jeden Fall ist es ziemlich ungewöhnlich. Er sollte sich darüber mal mit seinem Wachtmeister unterhalten, oder mit dem Bürgermeister, oder mit dem Professor! Sie glauben auch, dass es ein besonderer Fund ist. Und das sicher nicht ohne Grund.

Endlich kam mein Meister. Die Wartezeit auf ihn kam mir wie eine Ewigkeit vor. Mit ihm kamen der Professor und einige andere, mir unbekannte Herren. Na, die sind ja auch früh auf den Beinen, dachte ich mir. Sie würden bestimmt nicht so zeitig nach Dürrenberg kommen, wenn es nicht wichtig wäre.

„Das ist unser Engel" stellte mich mein Meister vor, „er hat diese Stelle hier gefunden."

„Ach, das ist Herr Engel" sagte ein freundlicher Herr und schüttelte mir eifrig beide Hände. „Ich habe schon viel von Ihnen gehört. Ich bin Präparator Henning und habe gestern mit meinen Freunden, den Herren Lippold und Nethe über Sie und Ihren sensationellen Fund gesprochen. Sie sind überzeugt davon, dass Sie, Herr Engel, eine bedeutende Entdeckung gemacht haben."

Er beugte sich zu meiner Grube und machte sogleich den Vorschlag, ohne aufzusehen, den Fundort wieder zuzufüllen, um ihn nach der Kursaison in aller Ruhe zu untersuchen.

Das hatte ich mir nun aber ganz und gar nicht so vorgestellt. Sollten doch heute alle meine Fragen endlich beantwortet werden. Große Enttäuschung stand nun in meinem Gesicht geschrieben. Waren sie denn nicht interessiert? Hatte ich mich im Professor geirrt und der Polizist Paul am Ende doch recht?

Zum Glück hatte unser Bürgermeister ganz andere Pläne. Er hatte nämlich auch gründlich darüber nachgedacht.

„Morgen werden 15.00 Uhr die ersten Gäste in den Kurpark kommen, schließlich beginnt die Kursaison und dann ist da auch noch unser 171. Brunnenfest, eine wichtige Tradition für unsere Dürrenberger. Eine Baustelle jetzt mitten im Kurpark, das ist undenkbar. Die Ausgrabungen sollten sofort beginnen und der Brunnen fertiggestellt werden. Das sieht die Verwaltung der Saline übrigens genauso."

Und ich auch, denn eine schlaflose Nacht ist nun wirklich genug, dachte ich mir und nickte kräftig zu seinen Worten.

„Gut. Dann fangen wir sofort an. Herr Engel kann uns helfen. Natürlich nur, wenn er will?" Das brauchte mich Herr Henning nicht zweimal zu fragen. Er gab mir die wichtige Aufgabe, freigelegte Fundstücke ganz vorsichtig mit einem kleinen Pinsel zu säubern. Ich, der ich bisher immer mit Schaufel und Hacke gearbeitet hatte! Das wollte ich aber unbedingt übernehmen. Meine Schaufel ist wohl demnach überflüssig, dachte ich mir. Wie ein richtiger Archäologe! Aber nun schön vorsichtig.

Dabei bemerkte ich überhaupt nicht, wie die Zeit verging. Ich hatte keinen Hunger. Ich hatte keinen Durst. Ich wurde auch nicht müde.

Es war alles so aufregend. Nicht nur für mich. Auch Herr Henning war begeistert und nahm sich immer wieder Zeit für mich und erklärte dies und das. Kluge Leute erklären gern.

Die Grube war schließlich freigelegt. Sie war rechteckig und ihre Maße 90 cm und 55 cm. Und was wir alles entdeckten!

Um die 100 Grabbeigaben hatten wir gezählt, darunter kleine Feuersteinsplitter in einem langen Knochen, der wohl als Behältnis diente, meinte Herr Henning.

Eine Vielzahl unterschiedlichster Knochen, ein Geweih von einem Reh, unzählige Zähne, Muscheln und sogar Bruchstücke von mindestens 3 Schildkrötenpanzern. Fast nach jedem geborgenen Stück sprach Herr Hennig mit seinem Professor. „Wir können schon jetzt sagen, dass dieses Grab älter ist als 1.000 Jahre. Und vermutlich handelt es sich um männliche Skelettreste."

Nach einem Kriegsgrab sah es nun wirklich nicht aus. Das konnte nun jeder erkennen, sogar der Polizist Paul. Wo ist er eigentlich? Sah ich ihn nicht vorhin bei den Neugierigen stehen? Genau. Er spricht über die Entdeckung des Jahrhunderts in Dürrenberg und hat reichlich Publikum um sich versammelt. Schau mal einer an.

Endlich hatten wir alles bis zum Dunkelwerden geborgen. „Ich werde Ihnen gern berichten, was wir bei unseren Untersuchungen herausfinden, Herr Engel", sagte mir Herr Henning dann noch zum Abschied.

Auch der Museumsdirektor hatte noch einige freundliche Worte für mich, die ich aber leider irgendwie nicht hörte, denn ich war mit meinen Gedanken ganz woanders. Ihr müsst verstehen, sie fuhren mit den Fundstücken zurück nach Halle und mir war, als ob ich einen Freund verloren hatte. Wehmütig schaute ich hinterher. Gern wäre ich mitgefahren.

„Diese zwei Tage wirst Du sicher nie vergessen." Und dann nach einer kurzen Pause: "Herr Engel."

Ich wandte mich verwundert in die Richtung, aus der diese Worte kamen. Was war das? Plötzlich hörte ich nämlich wieder ziemlich gut. Zum ersten Mal, seit ich ihn kenne, hatte mein Meister „Herr Engel" zu mir gesagt.

DIE SCHAMANIN

Viel Zeit ist seitdem vergangen. Herr Henning hat, so wie ich es von ihm erwartet habe, Wort gehalten. Mir und unserem Bürgermeister wurden die Ergebnisse der Forschungen mitgeteilt. Später schickte er uns auch einen Artikel aus den Jahresberichten für Vorgeschichte von 1936, den ein Herr Dr. Karl-Friedrich Bicker, zuständiger Archäologe für die Steinzeit in Halle, über unseren Fund geschrieben hat.

Alles, was über unseren Fund geschrieben oder gedruckt wurde, habe ich aufgehoben und gesammelt, auch jeden Zeitungsartikel aus unserer Zeitung von Dürrenberg.

Wenn wir Engel's von Zeit zu Zeit mal ein Familienfeier haben, werden mir buchstäblich Löcher über diese beiden Tage im Mai und natürlich über alle neuen Erkenntnisse in

den Bauch gefragt. Ich bin nämlich seitdem der Familienar-
chäologe von allen Engel's! Schon deswegen muss ich regel-
recht alles Neue wissen, was die Wissenschaftler herausfinden.

Im Kurpark kommt es sogar manchmal vor, dass ich von einem Besucher angesprochen werde. Kommt mein Meister
dazu und berichtet dann noch voller Stolz, dass ich der
Herr Engel bin, der das berühmte Grab gefunden hat ...
oooh, dann komme ich gar nicht mehr zu meiner eigentli-
chen Arbeit. Er hat dafür aber vollstes Verständnis.

Bis heute konnte schon das eine oder andere Rätsel dieses
Fundes gelöst werden. Aber noch nicht alles und das wird
es wohl auch nicht. Vieles bleibt im Verborgenen und be-
flügelt die Phantasie der Menschen. Wir forschen weiter,
denn wie heißt es? Wenn die Neugier nicht wär....

Die Steinzeit

Nach heutigen Erkenntnissen weiß man, dass unser Fund wirklich sensationell, nicht nur für unsere Heimatstadt, ist. Hatte man damals nicht geglaubt, dieses Grab sei 1.000 Jahre alt? Dann sprach man sogar von 4.000 Jahren. Ich verrate es Euch! Der Fund ist zwischen 8.500 und 9.000 Jahre alt und stammt aus der Steinzeit.

Habt ihr schon einmal von der Himmelsscheibe von Nebra gehört oder dem Ötzi? Unser Fund ist viel älter. Wir sprechen heute von der ältesten Beerdigungsstätte von Sachsen-Anhalt, die bisher gefunden wurde.

Ein Beweis dafür, dass hier schon vor langer Zeit, nämlich der Mittelsteinzeit, dem Mesolithikum, Menschen in meiner Heimat gelebt haben.

Mann oder Frau

Das Grab war groß genug für eine Bestattung einer aufrecht sitzenden Frau. Erinnert Ihr Euch? Man nahm damals an, es wäre ein Mann gewesen. Was die Wissenschaftler alles herausfinden können!

Es war kein Mann, sondern eine Frau, die ungefähr 25 bis 35 Jahre alt wurde und für ihre Zeit ungewöhnlich groß war, nämlich 1,65 m. Ihr Gesicht wandte sich nach Süden. Sie hielt ein kleines Kind im Alter von 8 bis 12 Monaten liebevoll umschlungen in ihrem Schoße.

Was noch nicht geklärt ist, war sie nun die leibliche Mutter dieses Kindes? Man weiß aber, dass sie ein Kind geboren hatte.

Nicht jedes Kind wurde in der Steinzeit erwachsen. Nahrungsmangel, unbekannte Krankheiten, eine hohe Säuglingssterblichkeit waren normal. Vielleicht hatte man deshalb mit ihr dieses Kind beerdigt.

Heute werden die Menschen ziemlich alt. Manche Kinder kennen sich schon seit ihrer gemeinsamen Zeit in einem Kindergarten oder der Schule. Dann verliert man sich mal aus den Augen und kommt später, zum Beispiel bei einem Klassentreffen, wieder zusammen und spricht über seine Kinder und Enkelkinder. Das gefällt mir an unserer Zeit besser.

Die Neuzeit

Wisst Ihr, wie man unsere heutige Zeit nennt? Man nennt sie die Neuzeit. Ich merke mir das so. Alles muss immer neu sein. Der Mensch liebt neue Dinge. Ein neues Handy, Tablet, Auto, die Mädchen vorallem neue Klamotten und Frisuren. Einen schöneren Namen für unsere Zeit gibt es noch nicht. Vielleicht fällt Euch ja ein besserer Name ein?

Über 100 Grabbeigaben

Zurück zu unserem Fund. Mit den beiden Schädeln wurden auch eine Unmenge von Grabbeigaben geborgen. Über 50 Steingeräte, die auch rot gefärbt waren, fast 70 Tierzähne und tierische Reste von Reh, Rothirsch, Wildschwein, Kranich, Sumpfschildkröte und über 120 Schalenteilchen von unterschiedlichen Muscheln. Tiere, die damals hier lebten und die wir heute auch immer noch kennen. So viele Grabbeigaben sind sehr ungewöhnlich.

Bisher hatte man archäologische Funde mit höchstens 10 Grabbeigaben gefunden. Warum so viel? Besonders viele Geschenke für einen besonderen Menschen? Auch deshalb sagen die Wissenschaftler, dass unser Fund sensationell und bedeutend ist.

Der geheimnisvolle Halswirbel

Aber nicht nur die Beigaben, sondern vorallem auch ein interessant aussehender Halswirbel beschäftigte die Wissenschaftler für lange Zeit. Dieser hatte nämlich eine Fehlbildung.

Anfangs glaubte man, dass der Kopf gewaltsam abgetrennt und so der Wirbel beschädigt wurde. Dann stellte man aber fest, dass der Wirbel einfach so war. Schon von Geburt an.

Eine Missbildung, mit der sie gut leben konnte. Schließlich wurde sie damit erwachsen.

Sie konnte sich vermutlich selbst in die Bewusstlosigkeit bringen, indem sie den Kopf zur Seite legte und sich so eine Arterie zum Gehirn abklemmte. Ein normaler Halswirbel hätte das natürlich verhindert.

Die Menschen von damals glaubten dann, sie spricht während dieser Bewusstlosigkeit mit den Geistern und hatten tiefe Ehrfurcht vor dieser Gabe. Wenn das heute ein Mensch machen würde, dann würden wir vielleicht auch an Zauberei denken.

Rote Erde

Das könnte ein Grund für die Einbettung in roter Erde sein. Solche Erde war damals sehr kostbar und selten. Ein

Klumpen Rötelerde wurde mühselig mit Knochen oder Steinen abgerieben. Dazu brauchte man sehr viel Zeit und Geduld. Ungefähr 30 cm dick war die rote Erdschicht.

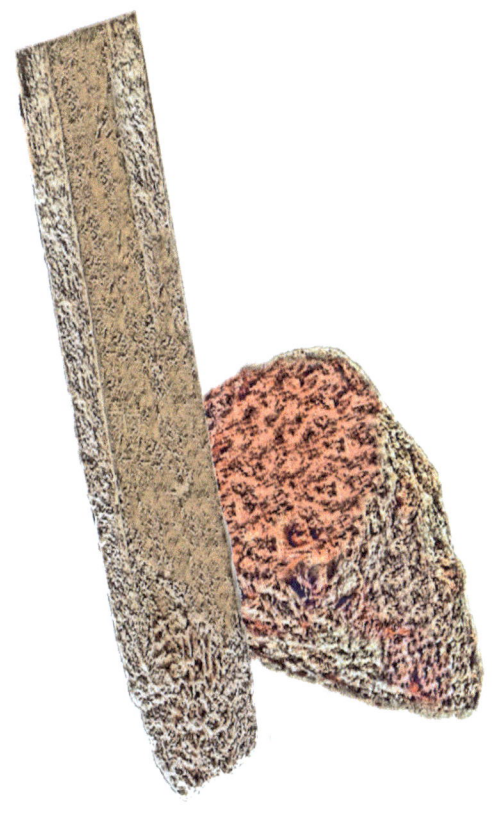

Griffel (Rothirsch-Knochen) und Rötel (Roteisenstein)

Wie lange hat das wohl gedauert, so viel abgeriebene rote Erde herzustellen? Da kann man gut verstehen, dass nicht für jeden Menschen diese rote Erde zu haben war.

Der Schädel

Was sagt uns der Schädel? Wenn Ihr irgendwann in einem Museum seid, dann schaut Euch die ausgestellten Schädel einmal genau an. Meistens sind sie nicht vollständig. Vorallem fehlen Zähne.

Dieser Frauenschädel war nicht nur gut erhalten, sondern hatte auch noch alle Zähne. Und sie waren wunderschön.

Zum Schädel selbst muss auch gesagt werden, dass dieser sehr gleichmäßig und wohlgeformt ist. Jeder Mensch hat seine eigene Kopfform und die beiden Gesichtshälften sind normalerweise nicht genau gleich. Es gibt immer kleine Unterschiede zwischen rechts und links. Das fällt nur auf, wenn man ganz genau beobachtet.

Und ich habe mir den Schädel ganz genau angesehen und dachte, er ist vielleicht gar nicht echt. Er sieht irgendwie aus wie Glas. So künstlich. Als ob er angefertigt wurde. Herr Henning zerstreute aber meine Zweifel: „Ja, ja, er ist echt, Herr Engel. Allerdings so perfekt geformt, dass auch ich es kaum glauben kann. So einen gleichmäßigen Schädel habe ich bisher noch nie gesehen. Dieser Mensch muss wirklich sehr schön gewesen sein."

Eine Steinzeitschädeloperation

Im Umkreis von Dürrenberg wurden damals weitere Schädel gefunden. Die Archäologie war äußerst beliebt und wenn es etwas zu entdecken galt, waren die Menschen daran sehr interessiert. Deshalb hatte man in meiner Zeit viel gegraben und untersucht.

An diesen Schädeln konnten Spuren einer Schädeloperation nachgewiesen werden. Das erkennt man, weil es Narben gab. Und Narben gibt es nur, wenn der Mensch noch weiter lebte. Das heißt, die Patienten hatten diese schwere Operation überlebt. Eine Operation, die auch in heutiger Zeit viel Wissen und Geschick erfordert. Und diese Schädel stammen ebenfalls aus der Steinzeit.

Eine Schädeloperation mit den Werkzeugen der Steinzeit. Wenn ich mir das jetzt vorstelle, bin ich ganz schön froh, dass ich ein Neuzeitmensch bin.

Eine Ärztin

Aber noch weitere Gedanken kommen mir in den Sinn. Was ist, wenn das Patienten unserer geheimnisvollen Frau waren? War sie vielleicht die erste, uns bekannte, Ärztin der Menschheit? Half sie den Menschen mit Medizin oder auch mit einem guten Rat? Konnte sie wirklich zu den Geistern sprechen? Nennt man sie deshalb Schamanin?

Die Schamanin

Schamanen sind Menschen mit besonderen magischen und heilenden Fähigkeiten. Die Menschen glauben, sie können mit Geistern in Verbindung treten. Man findet sie fast überall auf der Welt, auch heute noch. Sie haben ein enormes Wissen und geben viele gute Ratschläge für ein glückliches Leben.

Wurde sie deshalb hoch geehrt und bekam so viele Grabbeigaben? Die Bestattung in heiliger roter Erde scheint ein Beweis dafür zu sein, dass sie eine Schamanin war.

Wir suchen immer nach Beweisen. Vermuten kann man
schließlich viel, beweisen ist besser.

Ewiges Leben

Bleibt noch zu klären, woran die Schamanin gestorben ist.
Auch darauf haben die Wissenschaftler eine Antwort. Sie
hat ihre Zähne wie eine dritte Hand genutzt und so sehr
beansprucht, dass der Zahnschmelz löchrig wurde. Die Löcher in den oberen Vorderzähnen kann man richtig gut erkennen.
Durch diese Löcher drangen Keime ein, ihr Rachen infizier-
te sich und daran ist sie vermutlich verstorben. Wer hätte

geglaubt, dass man an so kleinen Löchern in den Zähnen sterben kann? Also Vorsicht mit den Zähnen! Immer schön pflegen und nicht als Werkzeug gebrauchen, damit sie möglichst lange gesund erhalten bleiben!

Ihr Gesicht

Wie hat sie denn nun ausgesehen? Der Künstler Karol Schauer schuf eine Zeichnung mit Geweih vom Reh als Kopfschmuck und Zahnketten. Allerdings ist bei dieser Zeichnung viel Phantasie mit dabei.

In der Steinzeit haben sich die Menschen noch nicht so gezeichnet, dass wir sie heute erkennen können. Herr Schauer musste sich also etwas einfallen lassen. Er hat sie sich wie auf seiner Zeichnung vorgestellt, mit roten Lippen. Frau Dr. Grünberg vom Museum Halle, die ganz viel über die Steinzeit weiß, hat mir ezählt, dass die Schamanin sicher nicht nur ihre Lippen rot gefärbt hat, so wie die Frauen in heutiger Zeit. Es ist eher wahrscheinlich, dass sie sich eine Gesichtshälfte oder auch das ganze Gesicht rot gefärbt hat. Ihr wisst ja, die rote Farbe war besonders beliebt. Ihr könnt diese Zeichnung in den Räumen der Touristinformation von Bad Dürrenberg anschauen.

Es gibt auch eine plastische Darstellung. Das Pariser Atelier „Dayuès" hat anhand ihres Schädels ihr Gesicht nachgeformt. Man kennt unsere Schamanin sogar in Paris! Wahrscheinlich ist dieses Gesicht unserer Schamanin am ähnlichsten.

Ihr findet es auf den Schautafeln im hinteren Kurpark, wenn Ihr den Wegweisern folgt.

Unweit vom Haupttor ist der erste Wegweiser und auch gegenüber vom großen Salzstein. Die Schautafeln zeigen neben vielen Hinweisen auch den Schädel. Ihr könnt sehen, wie schön er ist.

Das Museum

Die Fundstücke unserer Schamanin befinden sich heute immer noch im Landesmuseum für Vorgeschichte in Halle/Saale. Einzelne Stücke können besichtigt werden, aber auch viele andere Gegenstände aus der Steinzeit. Und einen lebensgroßen Menschen aus der Altsteinzeit, der richtig echt aussieht, gibt es dort auch zu bestaunen!

Unsere Zukunft

Gern würden wir unsere Schamanin nach Hause, nach Bad Dürrenberg holen und in einem eigens für sie geschaffenen Museum unterbringen. Natürlich in der Nähe vom Kurpark, ihrem Zuhause. Vielleicht verrät sie uns dann in vertrauter Umgebung, ob sie vielleicht doch die leibliche Mutter des Kindes war ...

Gegen das Vergessen

So oder so ähnlich war das damals. Es gab zu meiner Zeit keinen Dürrenberger, der die Schamanin nicht kannte. In der Schule konnte jede neue Generation etwas über sie erfahren und die älteren Menschen sprachen voller Hochachtung von ihrer schönen Dürrenbergerin.

Heute erinnert sich kaum jemand mehr an sie.

„Herr Engel … ist die Schamanin deine Frau?"

Liebe Kinder,

liebe Eltern, Erzieher und Lehrer,

Ihr möchtet die Schamanin und Herrn Engel einmal persönlich erleben?

Kein Problem! Seit 2014, fast 100 Jahre nach dem Fund, könnt Ihr mit mir, dem „Herrn Engel" zurück in das Jahr 1934 reisen.

Ich erzähle nicht nur meine Geschichte, ich bringe dann natürlich auch die Schamanin mit und wir erleben gemeinsam einen Tag in der Steinzeit. Bei schönem Wetter in unserem Kurpark oder wir kommen auch gern in Eure Einrichtung oder Schule.

Wir werden Tiere anhand verschiedener Knochen erraten, essbare Pflanzen kennen lernen, Werkzeuge und Waffen bestaunen. Dazu bringe ich ein originales Taschenmesser der Steinzeit mit, einen Faustkeil und noch vieles mehr. Wir werden aus einem Riesenhorn trinken und ein ganz schweres Wort lernen, schwerer noch als „Steinzeitschädeloperation", nämlich M e s o l i t h i k u m!

Sogar eine Höhlenmalerei erwartet Euch.

Dann gibt es noch einen Zeitstrahl, den Kinder für mich gebastelt haben. Er ist 8.500 Jahre lang. Ihn rollen wir quer durch den Kurpark aus bis zu .... aber das will ich jetzt nicht verraten.

Und wenn wir uns dann auch noch anfreunden, nimmt Euch unsere Schamanin vielleicht in ihren Stamm auf, denn Freunde kann man schließlich nie genug haben.

Diese Erlebnisführung im Kurpark mit der Schamanin und mir kann man über die Touristinformation in Bad Dürrenberg anmelden.

Anschrift: Witzlebenweg 7 A, 06231 Bad Dürrenberg
Kontakt: tourist@badduerrenberg.de
Telefon: 03462-83991

Wenn Ihr Fragen oder Gedanken direkt an mich oder die Schamanin richten wollt, dann einfach über:

Kontakt: herr-engel-erzaehlt@web.de

Übrigens, zum jährlichen Brunnenfest im Juni ist unsere Schamanin auch immer mit dabei. Ihr findet sie sicher ganz leicht. Und wie ich sie kenne, bringt sie gaaaanz viel Zeit für ihre Zuhörer mit ......

... noch mehr Geschichten aus
unserer Heimat rund um Bad Dürrenberg über:

König Heinrich I. und sein Sieg über die Ungarn

Die Knutonen von Teuditz

Weisses Gold und Johann Gottfried Borlach

König Gustav Adolf in Lützen

Novalis und die blaue Blume

Die schwarzen Jäger

Napoleon und die Völkerschlacht

Johann B. Trommsdorff & seine Fabrik in Teuditz

Der erste Eisenbahntunnel Deutschlands

Letzte Worte

„So oder so ähnlich war das damals."

Die Erzählung des Herrn Engel ist keine wissenschaftliche Abhandlung. Das ist auch nicht beabsichtigt. Herr Engel hat die Schamanin zwar gefunden, aber über ihn wurde kaum berichtet. Deshalb haben wir ihm hier in diesem Kinderbuch eine Stimme gegeben.

Personen, wie der Meister, der Polizist, der Pförtner oder der zweite Polizist Paul sind frei erfunden. Auch die Bergung des Grabes lief anders ab. Dafür entsprechen die Fakten dem heutigen Stand der Erkenntnisse. Wir Menschen sind und bleiben neugierig, es werden sicher immer wieder neue Informationen hinzukommen, deshalb wird niemals alles gesagt sein.

Diese Erzählung ist ein Anfang. Sie soll Interesse schaffen, sich mit unserer Schamanin zu beschäftigen. Vielleicht werden noch mehr Bücher folgen, von ernsten Wissenschaftlern, von Romanschriftstellern, von Comiczeichnern .....

Wir freuen uns darauf,

Frank und Petra Paetzold

Meine Erlebnisführung über die Steinzeit war:

am: _____

wo: _____

Ich wurde in den Stamm der Schamanin aufgenommen und erhielt eine Federkette und ein Tattoo:

Perle, Band, Farbe : _____

Federn, Farbe   : _____

Mein Tattoo trage ich am: _____

Hast Du Dir gemerkt, wie man in der Steinzeit gemalt hat? Einen Jäger mit Pfeil und Bogen, ein Reh oder sogar einen Hirsch? Versuche es einmal und zeichne nach, es ist nicht schwer:

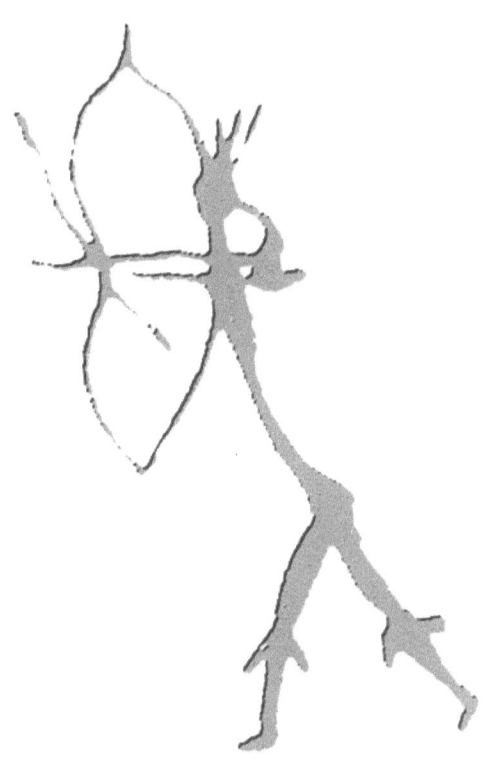

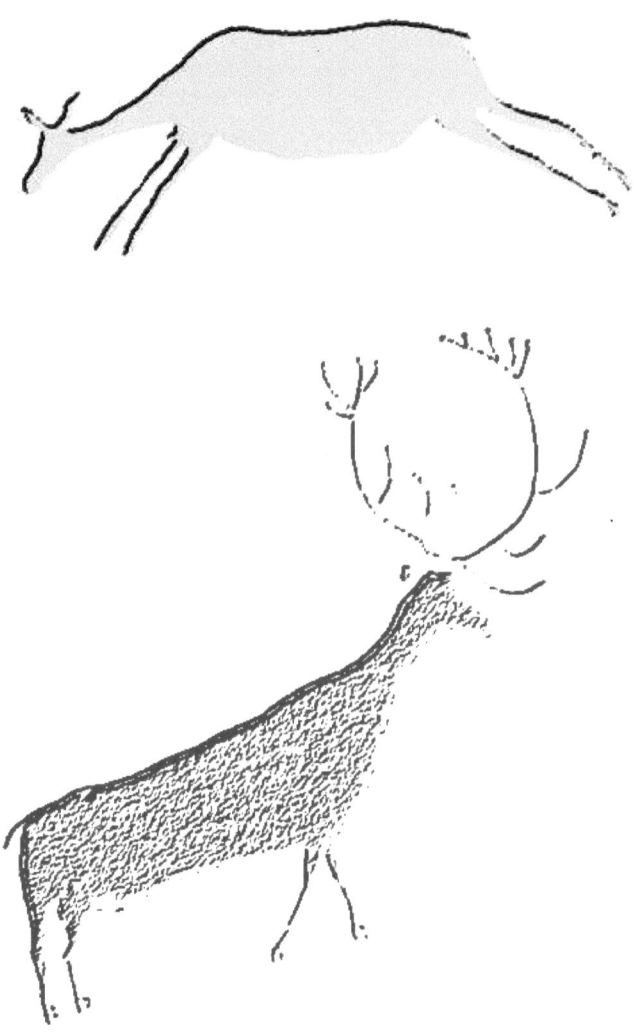

91

Danke an alle, die uns in den vergangenen Wochen

und Monaten mit Rat und Tat zur Seite standen.